Impressum
Verlag: BABADADA GmbH, Nedderfeld 112 , 22529 Hamburg
Geschäftsführer / Verlagsleitung: Harald Hof
Druck: Books on Demand GmbH, In de Tarpen 42, 22848 Norderstedt

Imprint
Publisher: BABADADA GmbH, Nedderfeld 112 , 22529 Hamburg, Germany
Managing Director / Publishing direction: Harald Hof
Print: Books on Demand GmbH, In de Tarpen 42, 22848 Norderstedt, Germany

школа
école

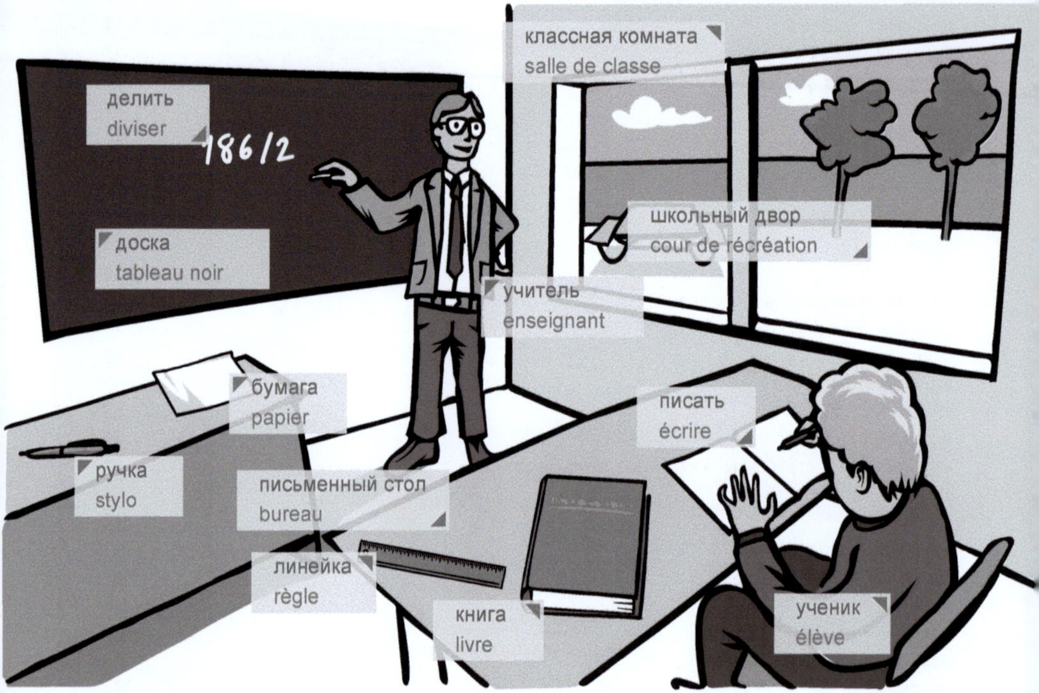

классная комната
salle de classe
делить
diviser
186/2
доска
tableau noir
школьный двор
cour de récréation
учитель
enseignant
бумага
papier
писать
écrire
ручка
stylo
письменный стол
bureau
линейка
règle
книга
livre
ученик
élève

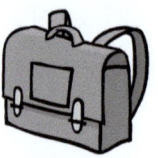

ранец

sac d'école

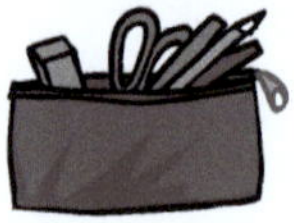

пенал

trousse

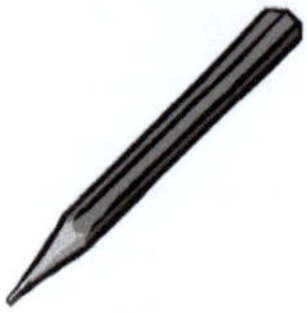

карандаш

crayon

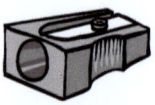

точилка

taille-crayon

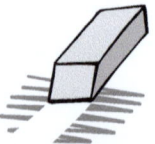

ластик

gomme

альбом для рисования

carnet à dessin

рисунок

dessin

кисточка

pinceau

коробка красок

boîte de peinture

ножницы

ciseaux

клей

colle

тетрадь

cahier d'exercices

домашняя работа

tâches

12

цифра

chiffre

2+2

прибавлять

additionner

5-2

вычитать

soustraire

2×2

умножать

multiplier

считать

calculer

A

буква

lettre

ABCDEFG
HIJKLMN
OPQRSTU
VWXYZ

алфавит

alphabet

hello

слово

mot

текст

texte

читать

lire

мел

craie

урок

leçon

классный журнал

livre de classe

экзамен

examen

диплом

certificat

школьная форма

uniforme scolaire

образование

formation

энциклопедия

lexique

университет

université

микроскоп

microscope

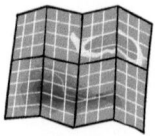

карта

carte

корзина для бумаг

corbeille à papier

путешествие

voyage

гостиница
hôtel
Grand
турбаза
auberge
ROOMS
CHANGE
пункт обмена валюты
bureau de change
чемодан
valise
автомобиль
voiture

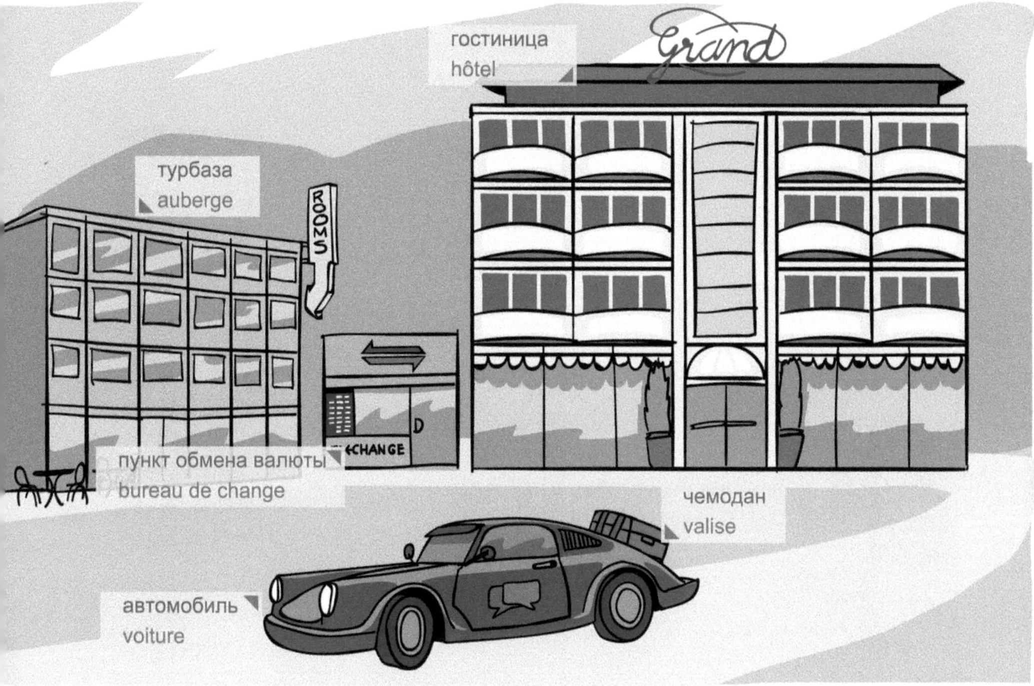

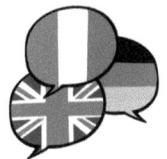

язык

langue

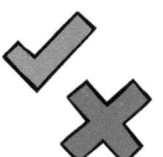

да / нет

oui / non

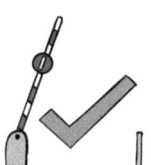

хорошо

d'accord

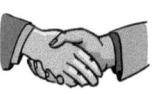

Привет

Salut

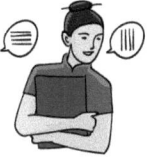

переводчик

interprète

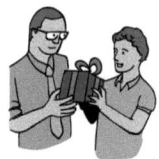

Спасибо

merci

Сколько стоит...?

Combien coûte...?

Я не понимаю

Je ne comprends pas

проблема

problème

Добрый вечер!

Bonsoir!

Доброе утро!

Bonjour!

Доброй ночи!

Bonne nuit!

До свидания

Au revoir

направление

direction

багаж

bagages

сумка

sac

рюкзак

sac-à-dos

гость

hôte

комната

pièce

спальный мешок

sac de couchage

палатка

tente

туристическая
информация
office de tourisme

пляж

plage

кредитная карточка

carte de crédit

завтрак

petit-déjeuner

обед

déjeuner

ужин

dîner

билет

billet

лифт

ascenseur

почтовая марка

timbre

граница

frontière

таможня

douane

посольство

ambassade

виза

visa

паспорт

passeport

транспорт

transport

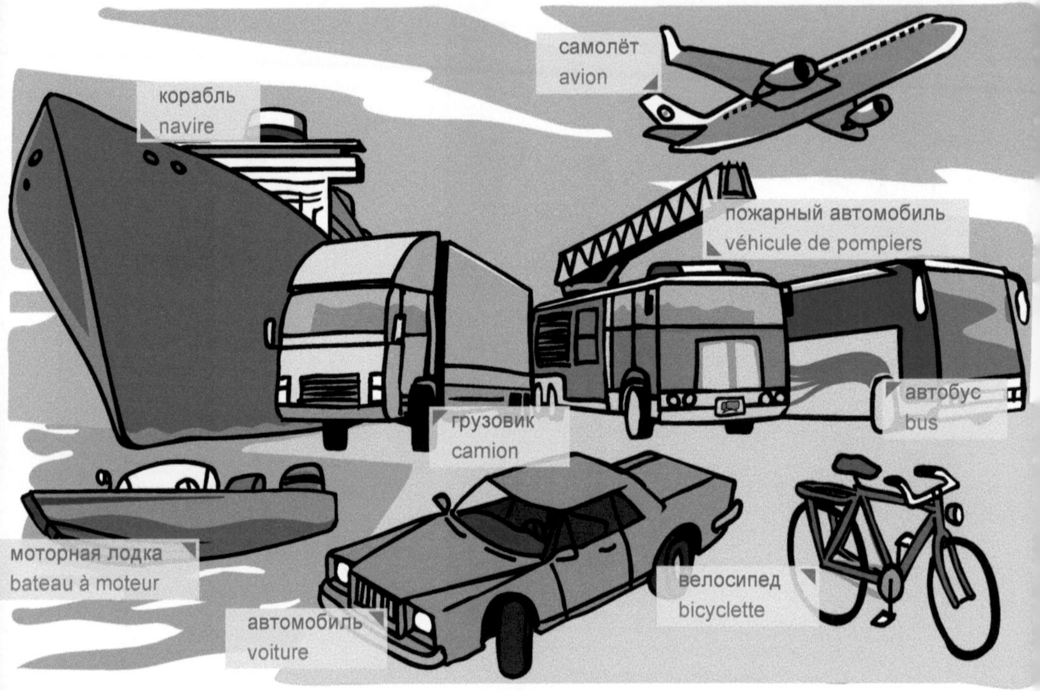
самолёт
avion
корабль
navire
пожарный автомобиль
véhicule de pompiers
автобус
bus
грузовик
camion
моторная лодка
bateau à moteur
велосипед
bicyclette
автомобиль
voiture

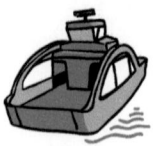

паром

ferry

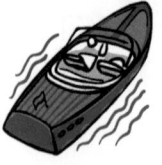

лодка

barque

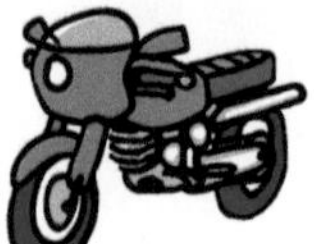

мотоцикл

moto

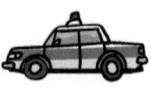

полицейский автомобиль

voiture de police

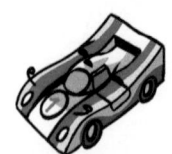

гоночный автомобиль

voiture de course

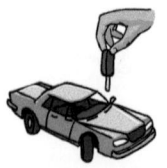

арендованный автомобиль

voiture de location

совместное пользование
автомобилями
autopartage

буксировочный
автомобиль
dépanneuse

мусоровоз

benne à ordures

двигатель

moteur

топливо

essence

заправка

station d'essence

дорожный знак

panneau indicateur

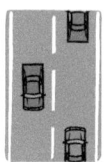

движение

trafic

пробка

embouteillage

автостоянка

parking

вокзал

gare

рельсы

rails

поезд

train

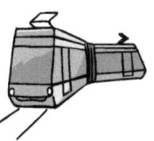

трамвай

tram

вагон

wagon

вертолёт

hélicoptère

аэропорт

aéroport

вышка

tour

пассажир

passager

контейнер

container

коробка

carton

тележка

chariot

корзина

corbeille

взлетать / приземляться

décoller / atterrir

город

ville

деревня

village

центр города

centre-ville

дом

maison

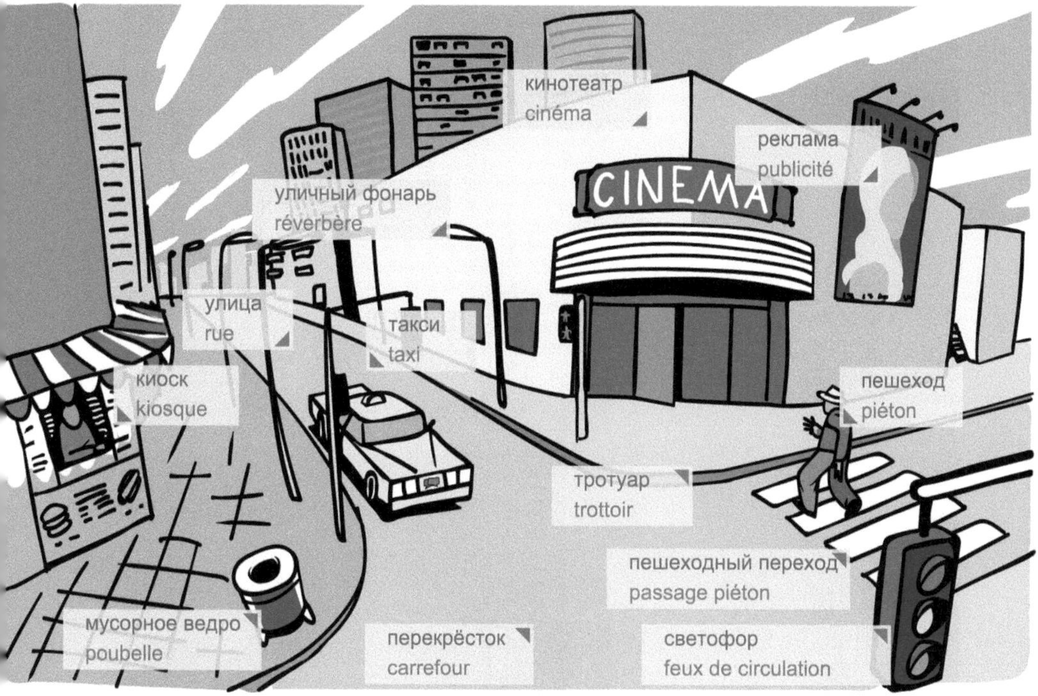

кинотеатр
cinéma
CINEMA
реклама
publicité
уличный фонарь
réverbère
улица
rue
такси
taxi
киоск
kiosque
пешеход
piéton
тротуар
trottoir
пешеходный переход
passage piéton
мусорное ведро
poubelle
перекрёсток
carrefour
светофор
feux de circulation

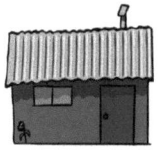

хижина

cabane

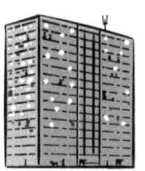

квартира

appartement

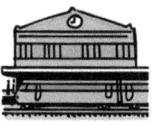

вокзал

gare

ратуша

mairie

MUSEUM

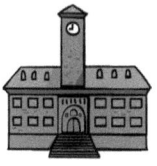

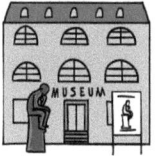

музей

musée

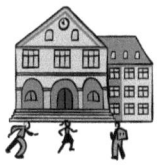

школа

école

университет

université

банк

banque

больница

hôpital

гостиница

hôtel

аптека

pharmacie

офис

bureau

книжный магазин

librairie

магазин

magasin

цветочный магазин

fleuriste

супермаркет

supermarché

рынок

marché

универмаг

grand magasin

торговец рыбой

poissonnerie

торговый центр

centre commercial

порт

port

парк
parc

скамейка
banque

мост
pont

лестница
escaliers

метро
métro

тоннель
tunnel

автобусная остановка
arrêt de bus

бар
bar

ресторан
restaurant

почтовый ящик
boîte à lettres

табличка с названием
улицы
panneau indicateur

паркометр
parcomètre

зоопарк
zoo

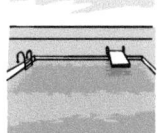

бассейн
réverbère

мечеть
mosquée

ферма

ferme

загрязнение окружающей среды

pollution

кладбище

cimetière

церковь

église

детская площадка

aire de jeux

храм

temple

ландшафт

paysage

лист
feuille

дорожный указатель
panneau indicateur

дорога
chemin

луг
pré

камень
pierre

дерево
arbre

путешественник
randonneur

река
rivière

трава
herbe

цветок
fleur

долина

vallée

гора

montagne

озеро

lac

лес

forêt

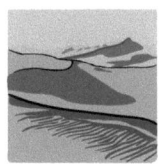

пустыня

désert

вулкан

volcan

замок

château

радуга

arc-en-ciel

гриб

champignon

пальма

palmier

комар

moustique

муха

mouche

муравей

fourmis

пчела

abeille

паук

araignée

жук

scarabée

лягушка

grenouille

белка

écureuil

еж

hérisson

заяц

lapin

сова

chouette

птица

oiseau

лебедь

cygne

кабан

sanglier

олень

cerf

лось

élan

плотина

barrage

ветряной генератор

éolienne

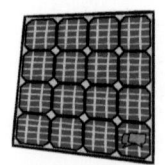

солнечная батарея

panneau solaire

климат

climat

ландшафт - paysage

ресторан
restaurant

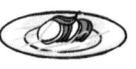

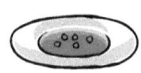

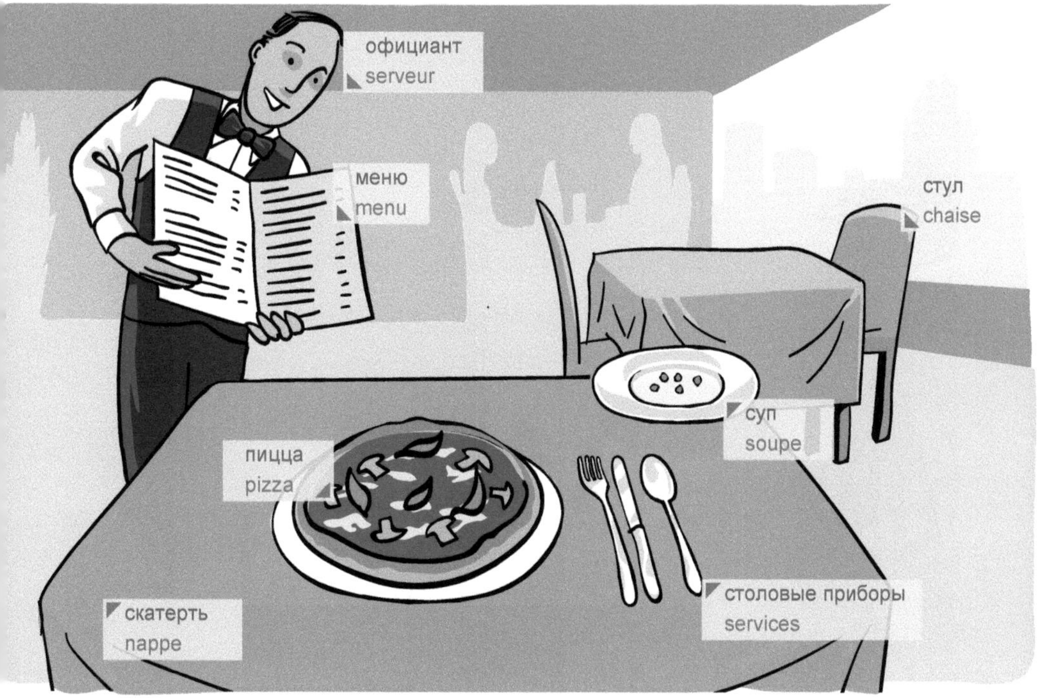
официант
serveur
меню
menu
стул
chaise
суп
soupe
пицца
pizza
скатерть
nappe
столовые приборы
services

закуска

hors d'œuvre

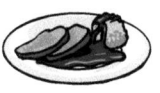

главное блюдо

plat principal

десерт

dessert

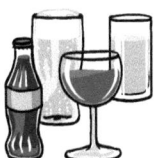

напитки

boissons

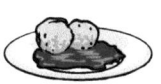

еда

alimentation

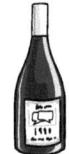

бутылка

bouteille

фастфуд

fast-food

уличная еда

plats à emporter

чайник

théière

сахарница

sucrier

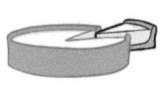

порция

portion

кофеварка

machine à expresso

детский стульчик

chaise haute

счет

facture

поднос

plateau

нож

couteau

вилка

fourchette

ложка

cuillère

чайная ложка

cuillère à thé

салфетка

serviette

стакан

verre

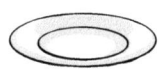

тарелка

assiette

суповая тарелка

assiette à soupe

блюдце

soucoupe

соус

sauce

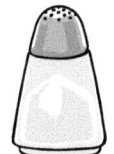

солонка

salière

мельница для перца

moulin à poivre

уксус

vinaigre

масло

huile

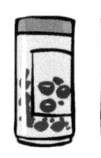

специи

épices

кетчуп

ketchup

горчица

moutarde

майонез

mayonnaise

супермаркет
supermarché

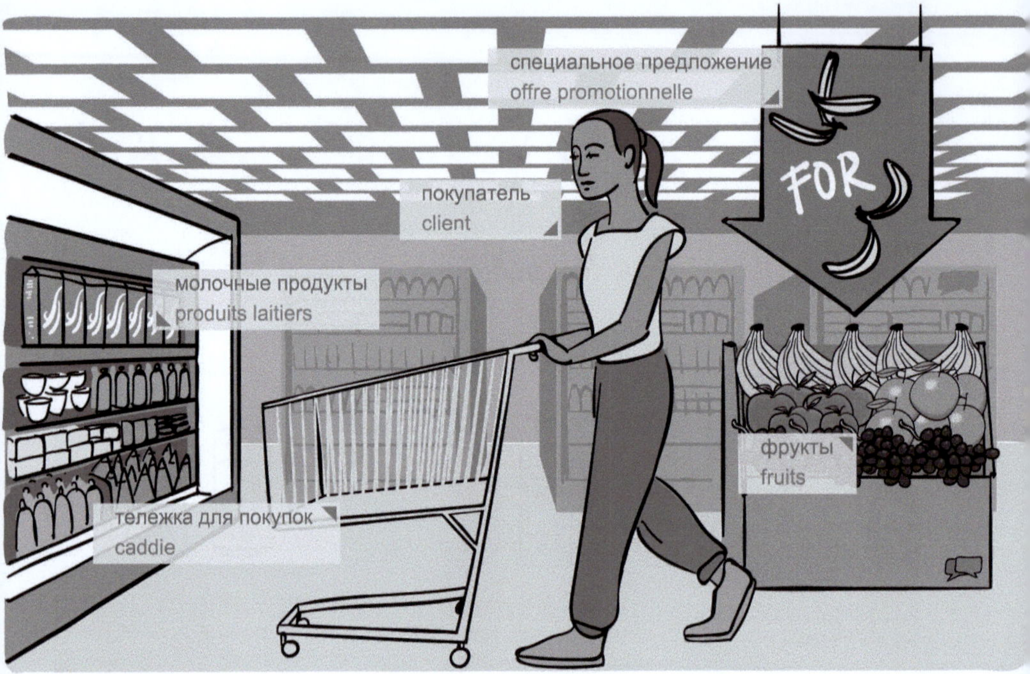

специальное предложение
offre promotionnelle
FOR
покупатель
client
молочные продукты
produits laitiers
фрукты
fruits
тележка для покупок
caddie

BUTCHERS

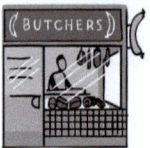

мясной магазин

boucherie

BAKERY

пекарня

boulangerie

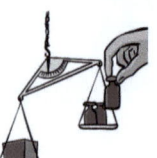

взвешивать

peser

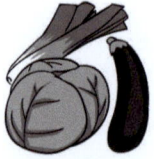

овощи

légumes

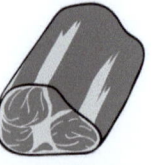

мясо

viande

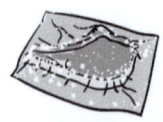

быстрозамороженные продукты

aliments surgelés

нарезка

charcuterie

консервы

conserves

стиральный порошок

poudre à lessive

сладости

bonbons

предмет домашнего
обихода
articménagers

моющее средство

détergents

продавщица

vendeuse

касса

caisse

кассир

caissier

список покупок

liste d'achats

время работы

heures d'ouverture

бумажник

portefeuille

кредитная карточка

carte de crédit

сумка

sac

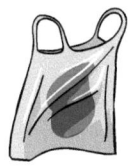

полиэтиленовый пакет

sac en plastique

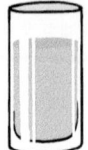

вода

eau

сок

jus de fruit

молоко

lait

кока-кола

coca

вино

vin

пиво

bière

алкоголь

alcool

какао

chocolat chaud

чай

thé

кофе

café

эспрессо

expresso

капучино

cappuccino

банан

banane

яблоко

pomme

апельсин

orange

арбуз

melon

лимон

citron

морковь

carotte

чеснок

ail

бамбук

bambou

лук

oignon

гриб

champignon

орехи

noisettes

лапша

pâtes

спагетти

spaghettis

рис

riz

салат

salade

картофель фри

frites

жареный картофель

pommes de terre rôties

пицца

pizza

гамбургер

hamburger

сэндвич

sandwich

шницель

escalope

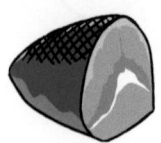

ветчина

jambon

салями

salami

колбаса

saucisse

курица

poulet

жаркое

rôti

рыба

poisson

овсяные хлопья

flocons d'avoine

мюсли

muesli

кукурузные хлопья

cornflakes

мука

farine

круассан

croissant

булочка

petits-pains

хлеб

pain

тост

pain grillé

печенье

biscuits

масло

beurre

творог

fromage blanc

пирог

gâteau

яйцо

œuf

яичница

œuf au plat

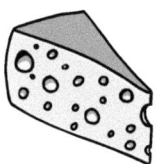

сыр

fromage

мороженое

glace

сахар

sucre

мёд

miel

мармелад

confiture

крем с нугой

crème nougat

карри

curry

ферма
ferme

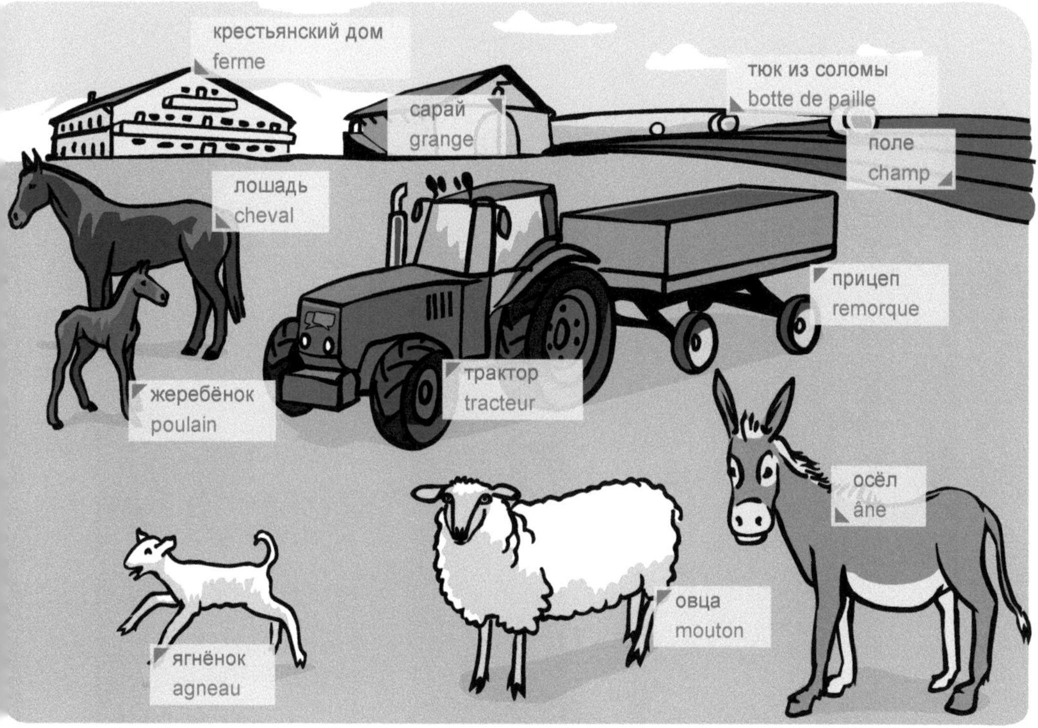
крестьянский дом
ferme
сарай
grange
тюк из соломы
botte de paille
поле
champ
лошадь
cheval
прицеп
remorque
трактор
tracteur
жеребёнок
poulain
осёл
âne
овца
mouton
ягнёнок
agneau

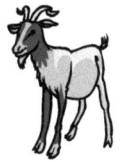

коза

chèvre

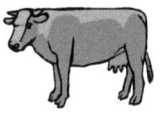

корова

vache

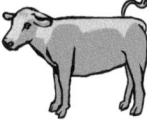

телёнок

veau

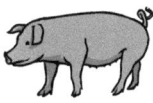

свинья

porc

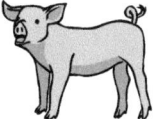

поросёнок

porcelet

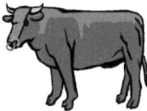

бык

taureau

гусь
oie

утка
canard

цыплёнок
poussin

курица
poule

петух
coq

крыса
rat

кошка
chat

мышь
souris

вол
bœuf

собака
chien

конура
chenil

садовый шланг
tuyau de jardin

лейка
arrosoir

коса
faucheuse

плуг
charrue

серп

faucille

мотыга

pioche

навозные вилы

fourche

топор

hache

тачка

brouette

корыто

cuve

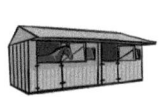

бидон для молока

pot à lait

мешок

sac

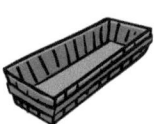

забор

clôture

хлев

étable

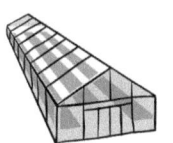

теплица

serre

почва

sol

посев

semences

удобрение

engrais

комбайн

moissonneuse-batteuse

ферма - ferme

собирать урожай

récolter

урожай

récolte

ямс

igname

пшеница

blé

соя

soja

картофель

pomme de terre

кукуруза

maïs

рапс

colza

фруктовое дерево

arbre fruitier

маниок

manioc

злаки

céréales

дом
maison

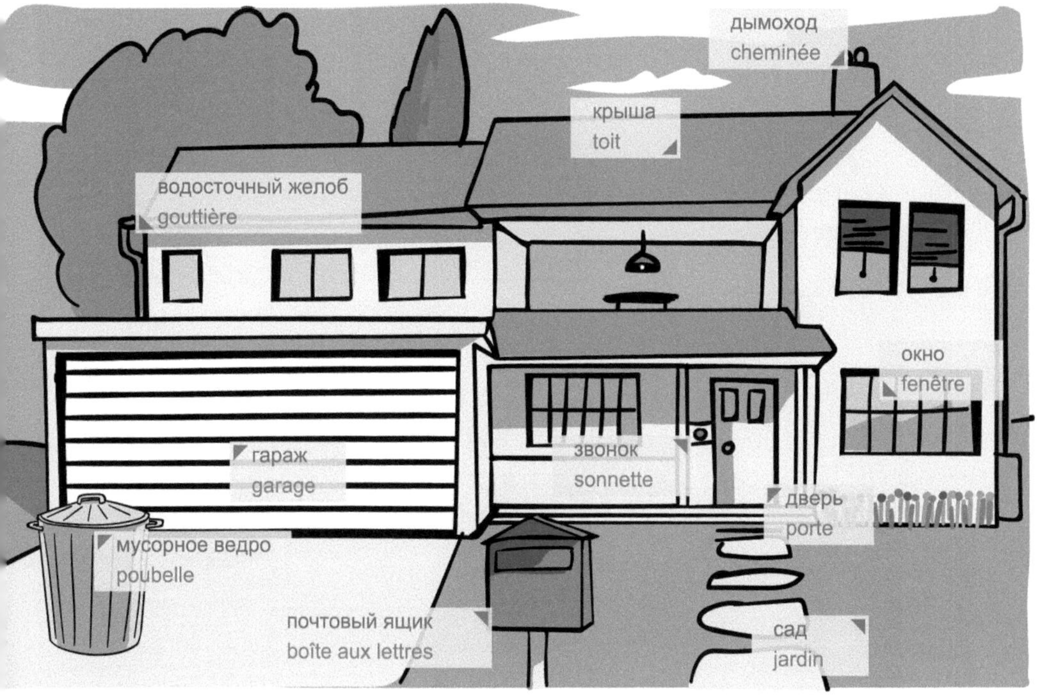
дымоход
cheminée
крыша
toit
водосточный желоб
gouttière
окно
fenêtre
гараж
garage
звонок
sonnette
дверь
porte
мусорное ведро
poubelle
почтовый ящик
boîte aux lettres
сад
jardin

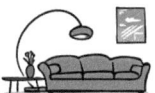

гостиная
salon

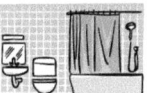

ванная комната
chambre de bain

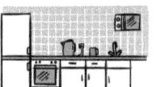

кухня
cuisine

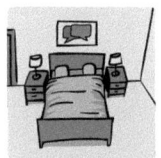

спальня
chambre à coucher

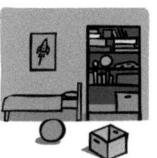

детская комната
chambre d'enfant

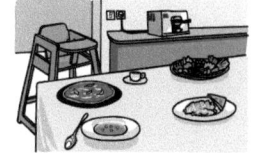

столовая
salle à manger

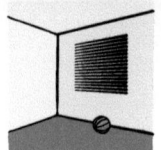

пол
sol

стена
mur

потолок
plafond

подвал
cave

сауна
sauna

балкон
balcon

терраса
terrasse

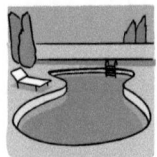

бассейн
piscine

газонокосилка
tondeuse à gazon

пододеяльник
fourre de duvet

покрывало
couette

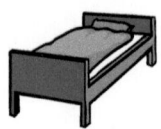

кровать
lit

метла
balai

ведро
sceau

выключатель
interrupteur

гостиная

salon

обои
papier peint
рисунок
image
лампа
lampe
полка
étagère
шкаф
armoire
телевизор
télé
камин
cheminée
цветок
fleur
подушка
coussin
диван
canapé
ваза
vase
пульт дистанционного управления
télécommande

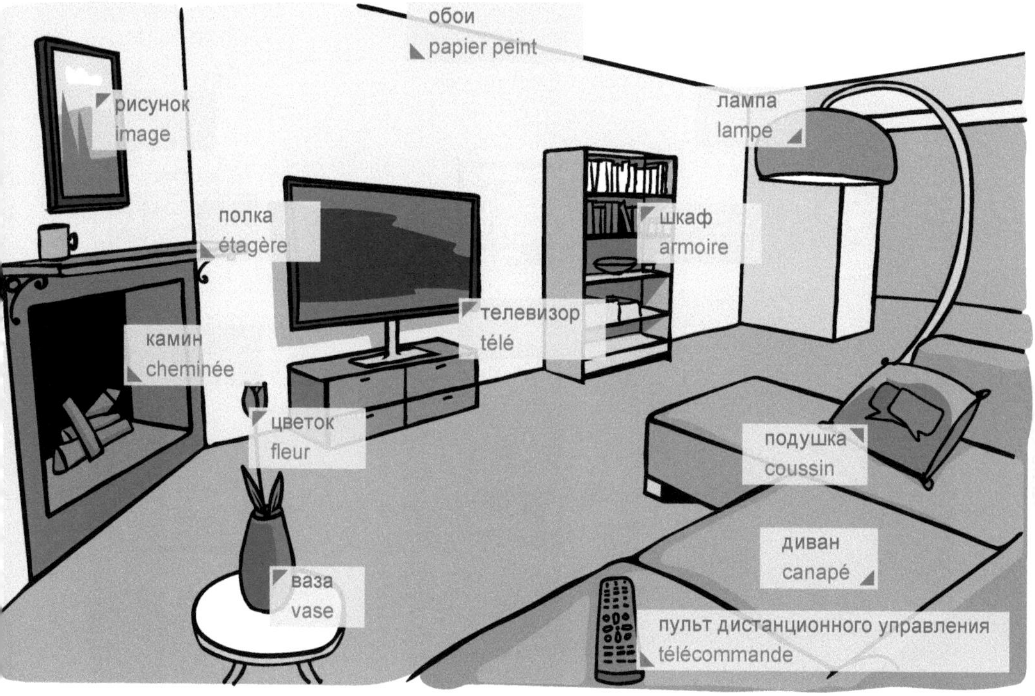

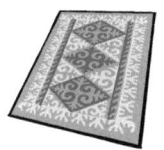

ковёр

tapis

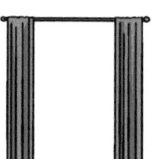

штора

rideau

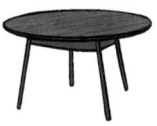

стол

table

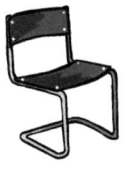

стул

chaise

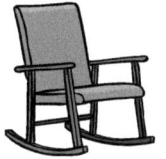

кресло-качалка

chaise à bascule

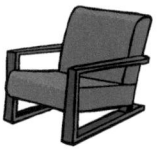

кресло

fauteuil

книга

livre

покрывало

couverture

украшение

décoration

дрова

bois de chauffage

фильм

film

стереосистема

chaîne hi-fi

ключ

clé

газета

journal

картина

peinture

плакат

poster

радио

radio

блокнот

bloc-notes

пылесос

aspirateur

кактус

cactus

свеча

bougie

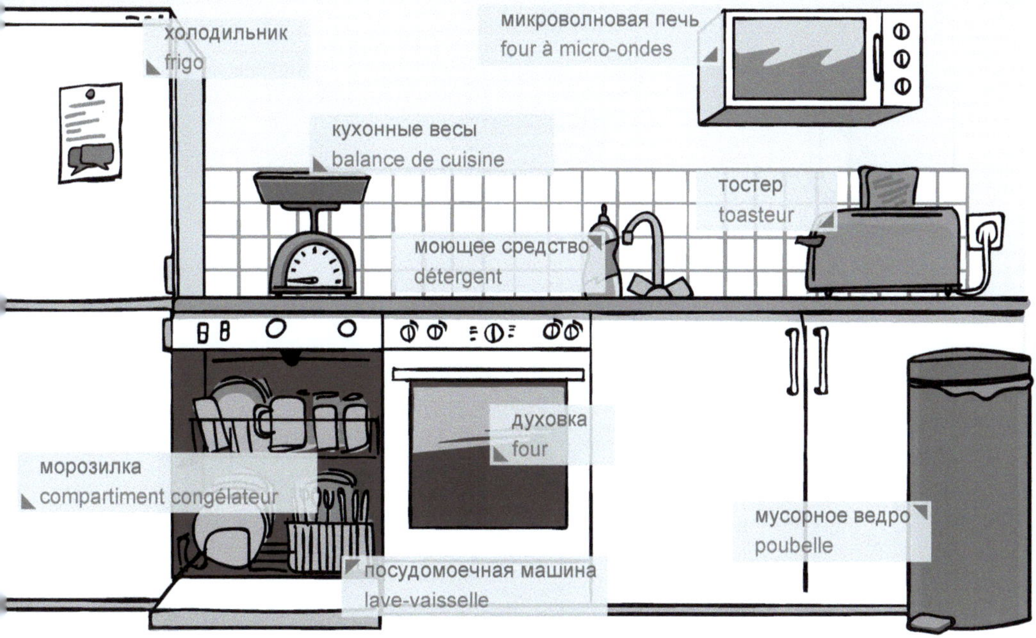

холодильник
frigo

микроволновая печь
four à micro-ondes

кухонные весы
balance de cuisine

тостер
toasteur

моющее средство
détergent

духовка
four

морозилка
compartiment congélateur

мусорное ведро
poubelle

посудомоечная машина
lave-vaisselle

плита
four

кастрюля
casserole

чугунный котелок
marmite

вок / кадай
wok/kadai

сковорода
poêle

чайник
bouilloire électrique

пароварка

cuiseur vapeur

противень

plaque de cuisson

посуда

vaisselle

кружка

gobelet

миска

bol

палочки для еды

baguettes

половник

louche

лопатка

spatule

сбивалка

fouet

сито

passoire

сито

tamis

тёрка

râpe

ступка

mortier

гриль

barbecue

костёр

cheminée

доска

planche à découper

скалка

rouleau à pâtisserie

штопор

tire-bouchon

жестяная банка

boîte

консервный нож

ouvre-boîte

прихватка

maniques

раковина

lavabo

щетка

brosse

губка

éponge

миксер

mixeur

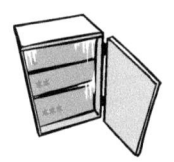

морозильная камера

congélateur

бутылочка для кормления

biberon

кран

robinet

ванная комната
chambre de bain

отопление
chauffage
полотенце
serviette
душ
douche
душевая занавеска
rideau de douche
пенистая ванна
bain moussant
ванна
baignoire
стакан
verre
стиральная машина
machine à laver
кран
robinet
плитка
carrelage
горшок
pot
раковина
lavabo

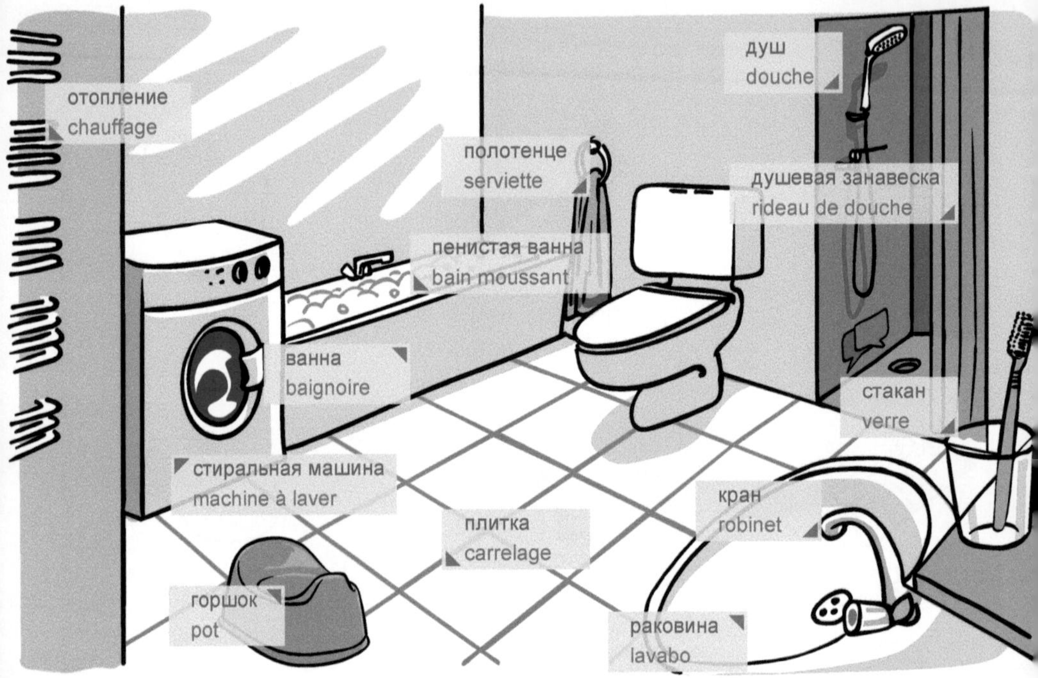

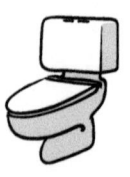

туалет

toilettes

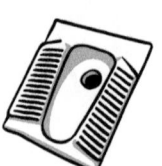

напольный унитаз

toilette à turque

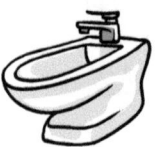

биде

bidet

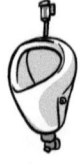

писсуар

urinoir

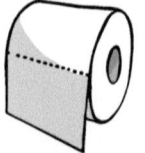

туалетная бумага

papier toilette

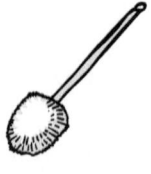

ершик

brosse à toilette

зубная щетка

brosse à dents

зубная паста

dentifrice

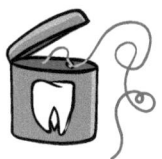

зубная нить

fil dentaire

мыть

laver

ручной душ

douche manuelle

интимный душ

douche intime

таз

vasque

щетка для спины

brosse dorsale

мыло

savon

гель для душа

gel douche

шампунь

shampooing

мочалка

gant de toilette

сток

écoulement

крем

crème

дезодорант

déodorant

зеркало

miroir

ручное зеркало

miroir cosmétique

бритва

rasoir

пена для бритья

mousse à raser

лосьон после бритья

après-rasage

расческа

peigne

щетка

brosse

фен

sèche-cheveux

лак для волос

laque pour cheveux

косметика

fond de teint

губная помада

rouge à lèvres

лак для ногтей

vernis à ongles

вата

ouate

маникюрные ножницы

coupe-ongles

духи

parfum

косметичка

trousse de toilette

табуретка

tabouret

весы

balance

халат

peignoir

резиновые перчатки

gants de nettoyage

тампон

tampon

гигиеническая прокладка

serviettes hygiéniques

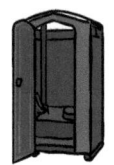

биотуалет

toilette chimique

детская комната
chambre d'enfant

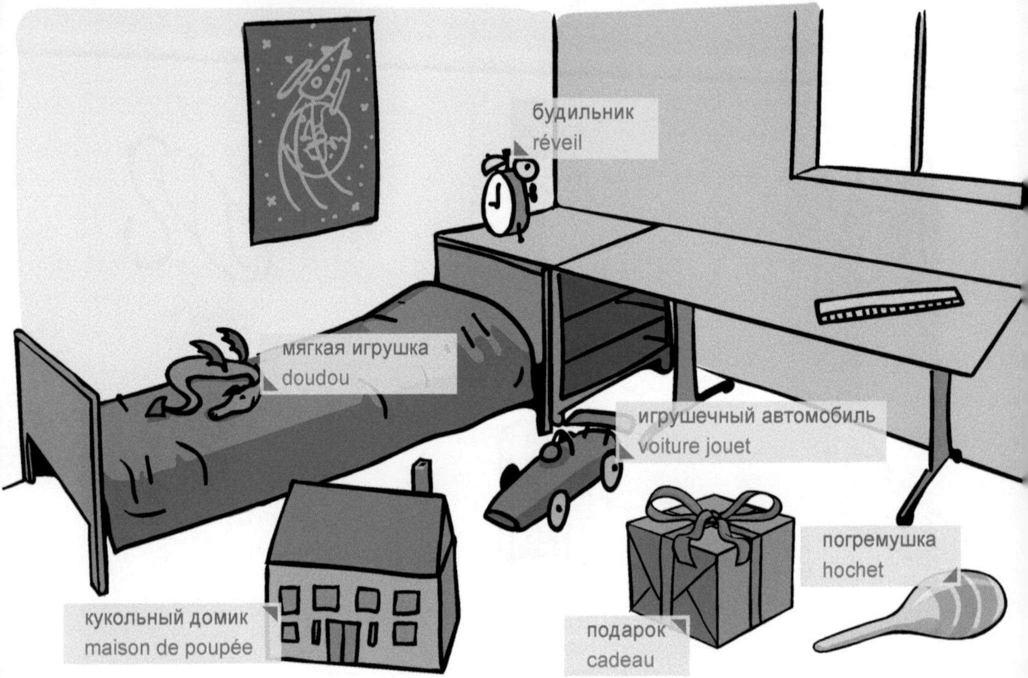

будильник
réveil
мягкая игрушка
doudou
игрушечный автомобиль
voiture jouet
погремушка
hochet
кукольный домик
maison de poupée
подарок
cadeau

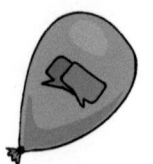

воздушный шар

ballon

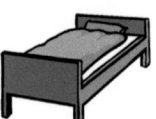

кровать

lit

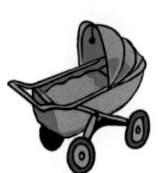

детская коляска

poussette

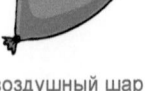

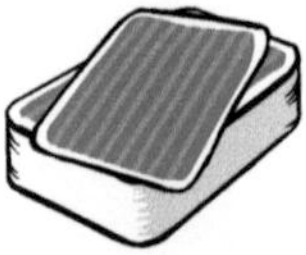

карточная игра

jeu de cartes

пазл

puzzle

SUPER MEGA

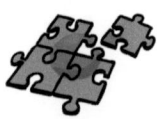

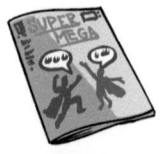

комикс

bande dessinée

кирпичики Лего

pièces lego

кубики

blocs de construction

игрушечная фигурка

figurine

ползунки

grenouillère

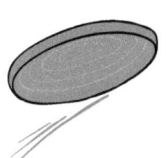

фрисби

frisbee

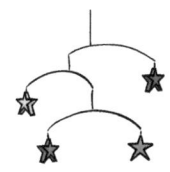

мобиле

mobile

настольная игра

jeu de société

кубик

dé

модель железной дороги

train miniature

соска

sucette

вечеринка

fête

книга с картинками

livre d'images

мяч

balle

кукла

poupée

играть

jouer

песочница

bac à sable

качели

balançoire

игрушка

jouets

игровая приставка

console de jeu

трёхколесный велосипед

tricycle

плюшевый медвежонок

ours en peluche

шкаф для одежды

armoire

одежда

vêtements

носки

chaussettes

чулки

bas

колготки

collant

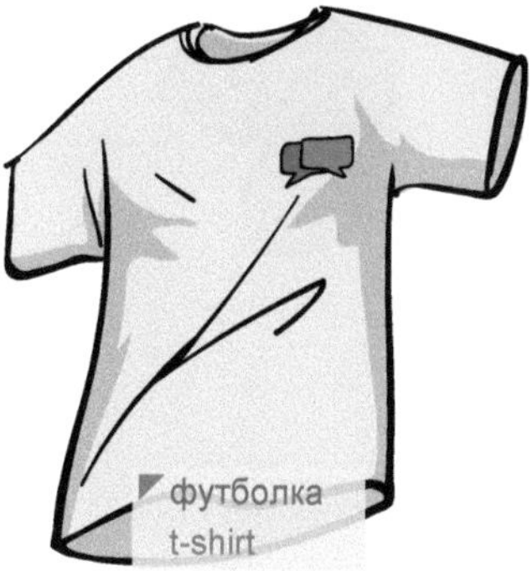

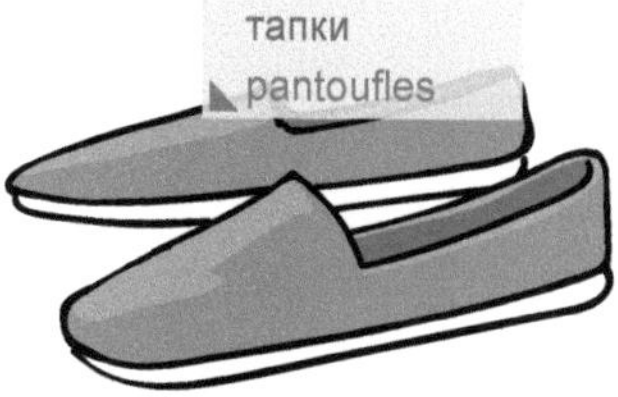

шарф
écharpe

ремень
ceinture

зонтик
parapluie

футболка
t-shirt

кроссовки
baskets

сапоги
bottes

тапки
pantoufles

сандалии
....
sandales

ботинки
....
chaussures

резиновые сапоги
....
bottes de caoutchouc

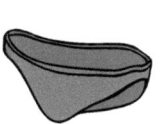

трусы
....
linge de corps

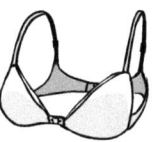

бюстгальтер
....
soutien-gorge

майка
....
maillot de corps

боди

body

брюки

pantalon

джинсы

jean

юбка

jupe

блузка

chemisier

рубашка

chemise

свитер

pull

свитер

pull-over à capuche

спортивная куртка

veste

жакет

veste

пальто

manteau

плащ

imperméable

костюм

costume

платье

robe

свадебное платье

robe de mariée

мужской костюм

costume

ночная сорочка

chemise de nuit

пижама

pyjama

сари

sari

платок

foulard

тюрбан

turban

паранджа

burqa

кафтан

caftan

абайя

abaya

купальник

maillot de bain

плавки

costume de bain

шорты

cuissettes

спортивный костюм

tenue d'entraînement

фартук

tablier

перчатки

gants

пуговица

bouton

очки

lunettes

браслет

bracelet

цепочка

collier

кольцо

bague

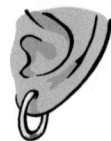

серьга

boucle d'oreille

шапка

bonnet

вешалка

cintre

шляпа

chapeau

галстук

cravate

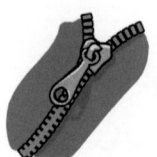

застежка молния

fermeture éclair

шлем

casque

подтяжки

bretelles

школьная форма

uniforme scolaire

форма

uniforme

детский нагрудник

bavoir

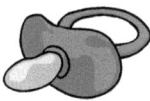

соска

sucette

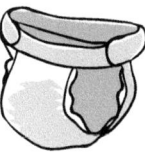

подгузник

couche

офис
bureau

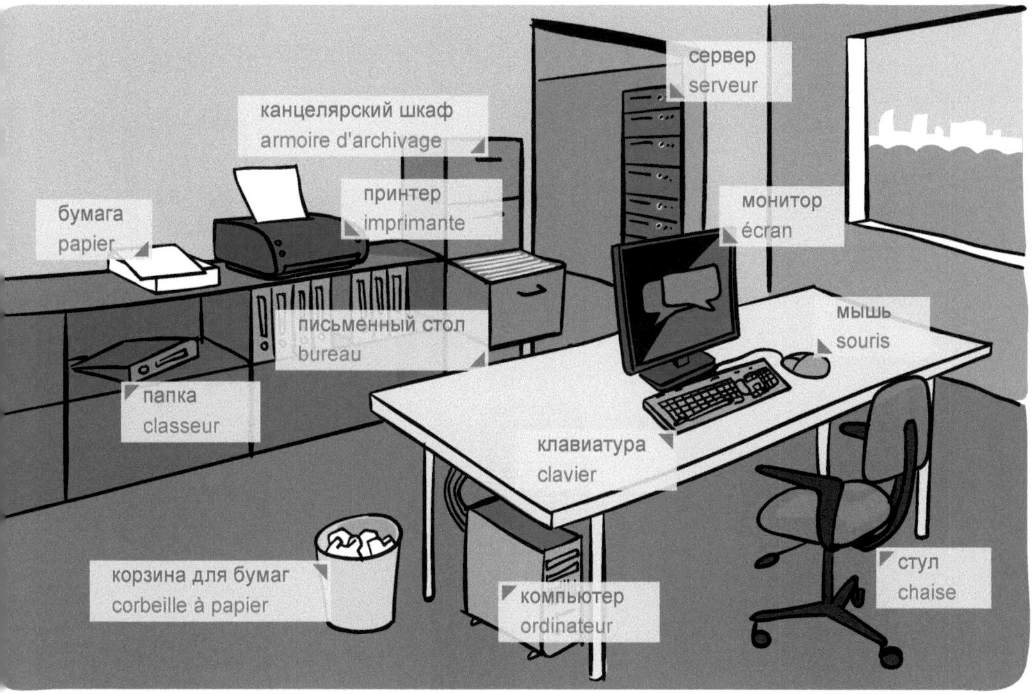

сервер
serveur

канцелярский шкаф
armoire d'archivage

принтер
imprimante

монитор
écran

бумага
papier

письменный стол
bureau

мышь
souris

папка
classeur

клавиатура
clavier

корзина для бумаг
corbeille à papier

стул
chaise

компьютер
ordinateur

кофейная кружка

tasse à café

калькулятор

calculatrice

интернет

internet

ноутбук

ordinateur portable

письмо

lettre

сообщение

message

мобильный телефон

portable

сеть

réseau

ксерокс

photocopieuse

программа

logiciel

телефон

téléphone

розетка

prise

факс

fax

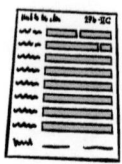

формуляр

formulaire

документ

document

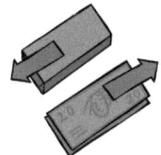

покупать

acheter

платить

payer

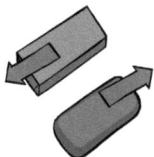

торговать

marchander

деньги

monnaie

доллар

dollar

евро

euro

иена

yen

рубль

rouble

франк

franc suisse

жэньминьби юань

renminbi yuan

рупия

roupie

банкомат

distributeur automatique

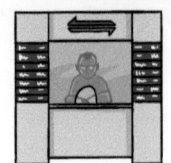

пункт обмена валюты

bureau de change

золото

or

серебро

argent

нефть

pétrole

энергия

énergie

цена

prix

договор

contrat

налог

taxe

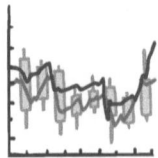

акция

action

работать

travailler

служащий

employé

работодатель

employeur

фабрика

usine

магазин

magasin

милиционер
agent de police

пожарный
pompier

пилот
pilote

повар
cuisinier

врач
médecin

садовник
jardinier

столяр
menuisier

швея
couturière

судья
juge

химик
chimiste

актёр
acteur

водитель автобуса

conducteur de bus

таксист

chauffeur de taxi

рыбак

pêcheur

уборщица

femme de ménage

кровельщик

couvreur

официант

serveur

охотник

chasseur

художник

peintre

пекарь

boulanger

электрик

électricien

строитель

ouvrier

инженер

ingénieur

мясник

boucher

сантехник

plombier

почтальон

facteur

солдат

soldat

архитектор

architecte

кассир

caissier

флорист

fleuriste

парикмахер

coiffeur

кондуктор

contrôleur

механик

mécanicien

капитан

capitaine

зубной врач

dentiste

ученый

scientifique

раввин

rabbin

имам

imam

монах

moine

священник

prêtre

инструменты

outils

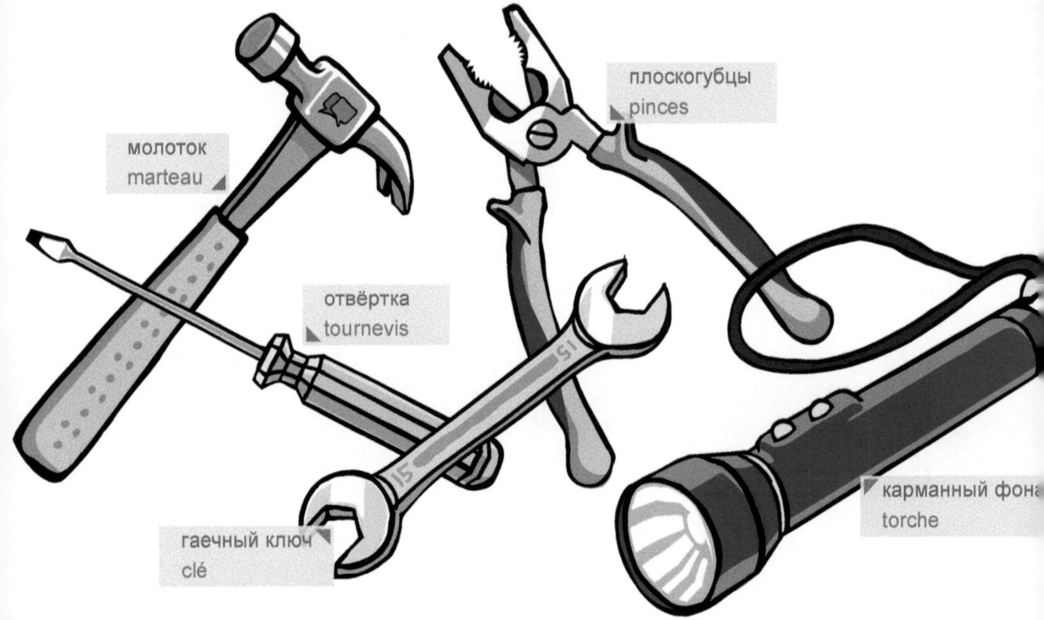

молоток
marteau
плоскогубцы
pinces
отвёртка
tournevis
гаечный ключ
clé
карманный фона
torche

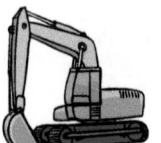

экскаватор

pelleteuse

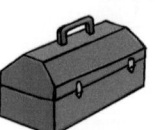

ящик для инструментов

boîte à outils

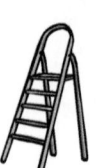

стремянка

échelle

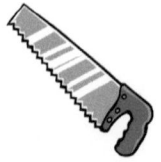

пила

scie

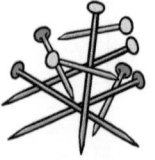

гвозди

clous

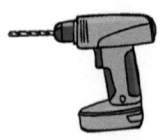

дрель

perceuse

ремонтировать

réparer

лопата

pelle

Блин!

Mince!

совок

pelle

ведро с краской

pot de peinture

винты

vis

музыкальные инструменты

instruments de musique

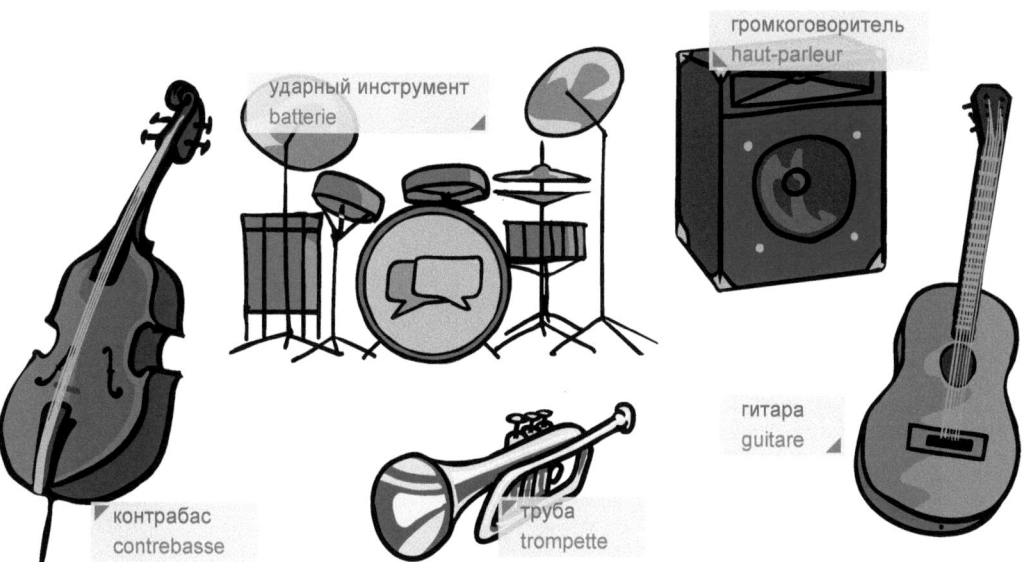

громкоговоритель
haut-parleur

ударный инструмент
batterie

гитара
guitare

контрабас
contrebasse

труба
trompette

пианино

piano

скрипка

violon

бас-гитара

basse

литавры

timbales

барабан

tambour

синтезатор

piano électrique

саксофон

saxophone

флейта

flûte

микрофон

microphone

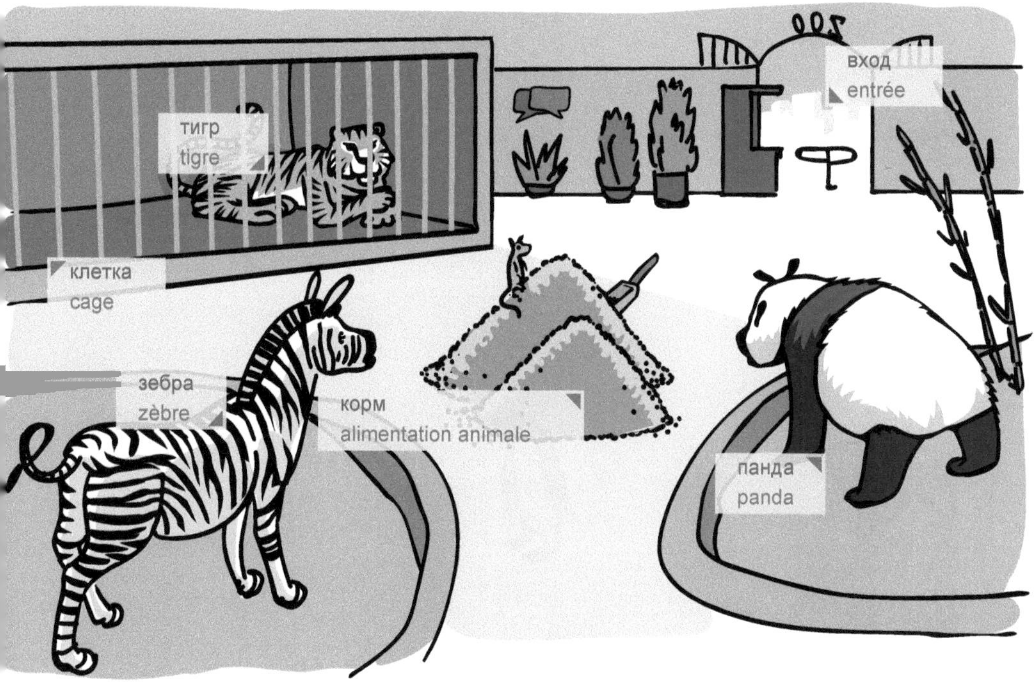

тигр
tigre

вход
entrée

клетка
cage

зебра
zèbre

корм
alimentation animale

панда
panda

животные

animaux

слон

éléphant

кенгуру

kangourou

носорог

rhinocéros

горилла

gorille

медведь

ours

верблюд

chameau

страус

autruche

лев

lion

обезьяна

singe

фламинго

flamand rose

попугай

perroquet

белый медведь

ours polaire

пингвин

pingouin

акула

requin

павлин

paon

змея

serpent

крокодил

crocodile

служитель зоопарка

gardien de zoo

тюлень

phoque

ягуар

jaguar

пони

poney

леопард

léopard

бегемот

hippopotame

жираф

girafe

орёл

aigle

кабан

sanglier

рыба

poisson

черепаха

tortue

морж

morse

лиса

renard

газель

gazelle

американский футбол
american Football

езда на велосипеде
cyclisme

теннис
tennis

баскетбол
basket-ball

плавание
natation

бокс
boxe

хоккей
hockey sur glace

футбол
football

бадминтон
badminton

лёгкая атлетика
athlétisme

гандбол
handball

лыжный спорт
ski

поло
polo

действия
activités

смеяться
rire
прыгать
sauter
обнимать
embrasser
идти
marcher
петь
chanter
мечтать
rêver
молиться
prier
целовать
faire la bise

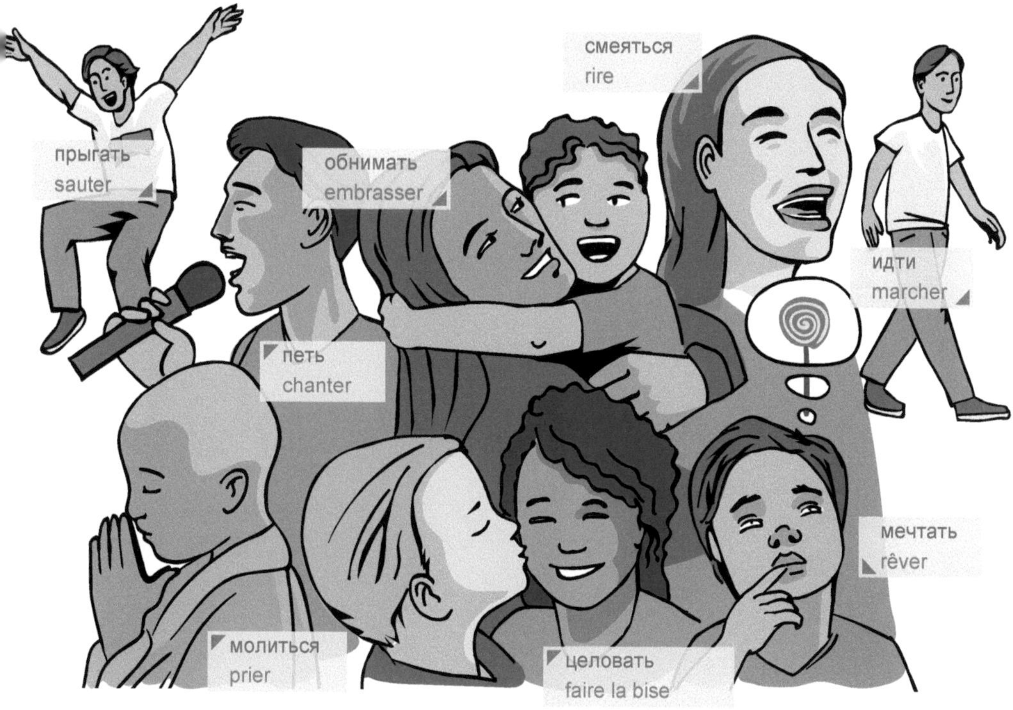

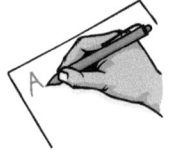

писать

écrire

рисовать

dessiner

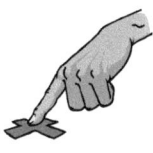

показывать

montrer

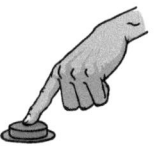

нажимать

pousser

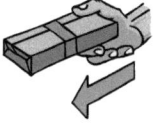

давать

donner

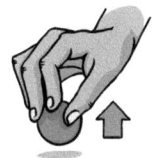

брать

prendre

иметь

avoir

делать

faire

быть

être

стоять

être debout

бежать

courir

тянуть

trier

бросать

jeter

падать

tomber

лежать

être couché

ждать

attendre

носить

porter

сидеть

être assis

надевать

s'habiller

спать

dormir

просыпаться

se réveiller

рассматривать

regarder

плакать

pleurer

гладить

caresser

причесывать

peigner

говорить

parler

понимать

comprendre

спрашивать

demander

слушать

écouter

пить

boire

кушать

manger

наводить порядок

ranger

любить

aimer

готовить

cuire

ехать

conduire

летать

voler

ходить под парусом

faire de la voile

считать

calculer

читать

lire

учиться

apprendre

работать

travailler

вступать в брак

se marier

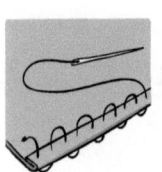

шить

coudre

чистить зубы

se brosser les dents

убивать

tuer

курить

fumer

отправлять

envoyer

семья
famille

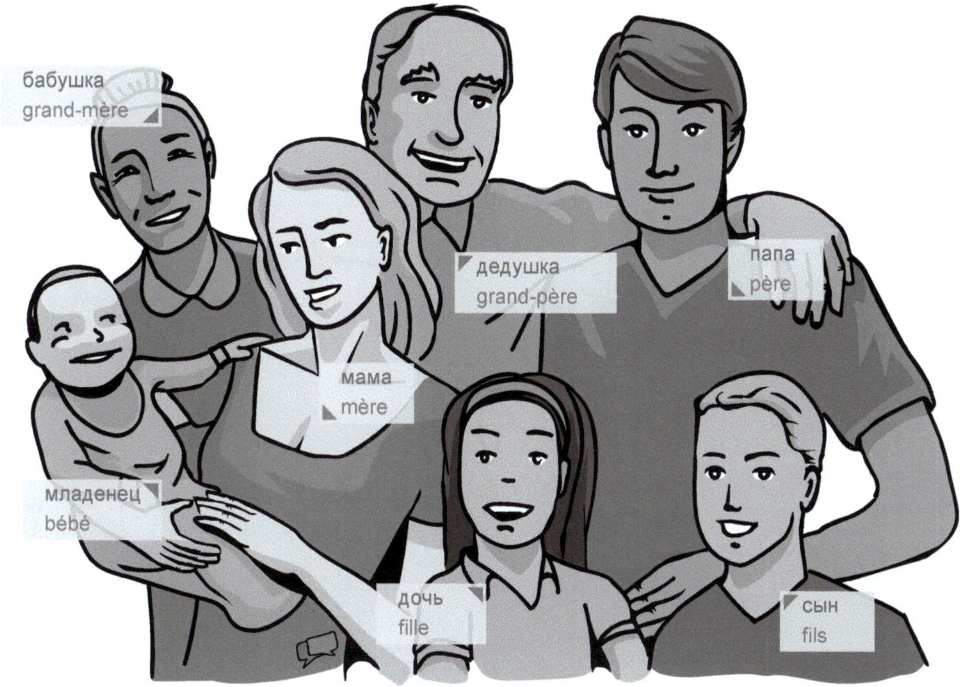

бабушка
grand-mère
дедушка
grand-père
папа
père
мама
mère
младенец
bébé
дочь
fille
сын
fils

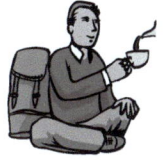

гость

hôte

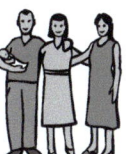

тетя

tante

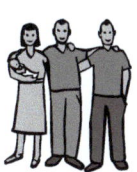

дядя

oncle

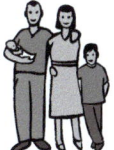

брат

frère

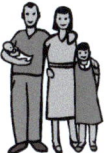

сестра

sœur

тело

corps

лоб
front
глаз
œil
плечо
épaule
палец
doigt
лицо
visage
подбородок
menton
кисть
main
грудь
poitrine
нога
jambe
рука
bras

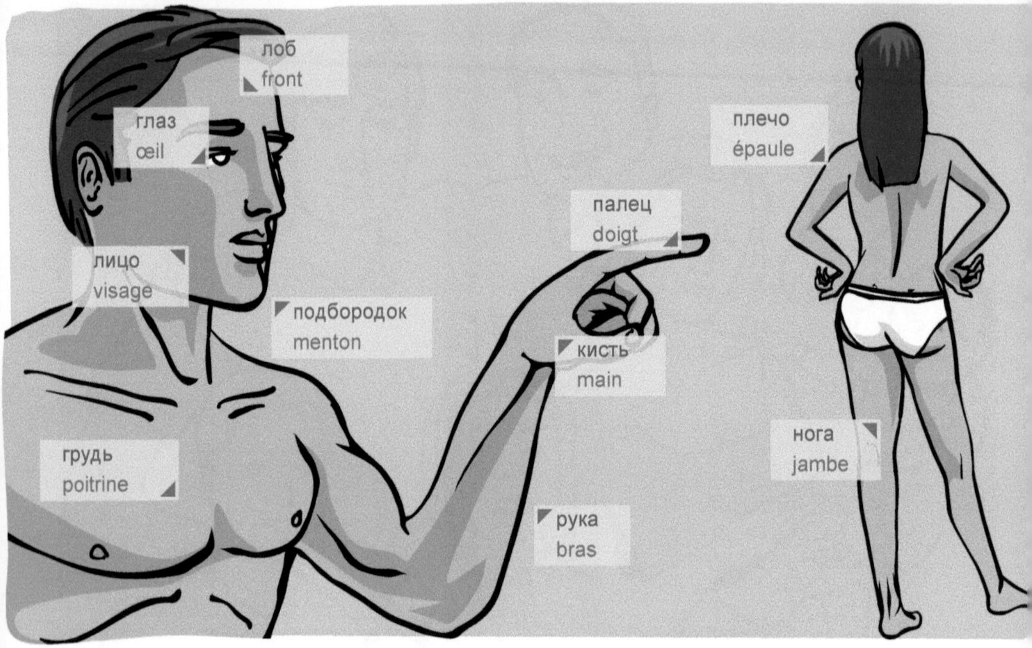

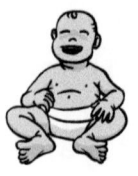

младенец

bébé

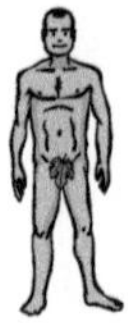

мужчина

homme

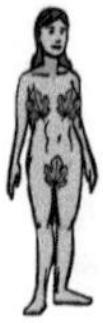

женщина

femme

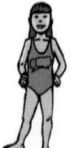

девочка

fille

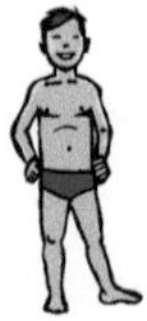

мальчик

garçon

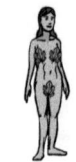

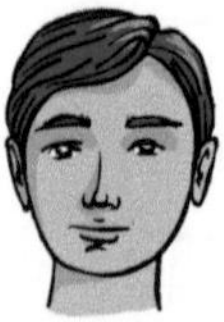

голова

tête

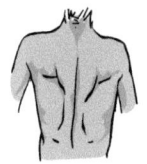

спина

dos

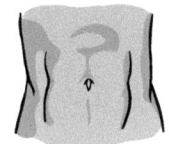

живот

ventre

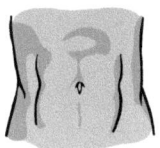

пупок

nombril

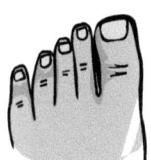

палец ноги

orteil

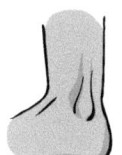

пятка

talon

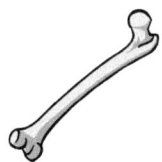

кость

os

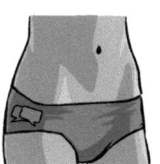

бедро

hanche

колено

genou

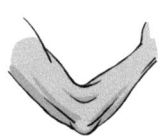

локоть

coude

нос

nez

ягодицы

fesses

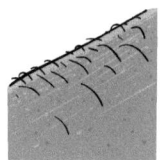

кожа

peau

щека

joue

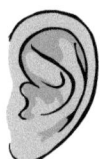

ухо

oreille

губа

lèvre

рот

bouche

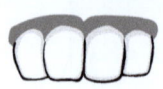

зуб

dent

язык

langue

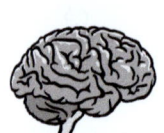

мозг

cerveau

сердце

cœur

мышца

muscle

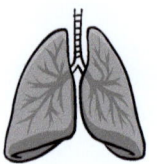

лёгкое

poumons

печень

foie

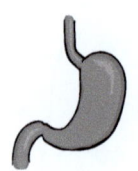

желудок

estomac

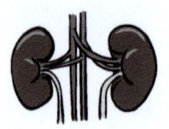

почки

reins

половой акт

rapport sexuel

презерватив

préservatif

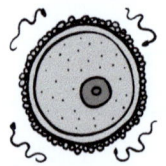

яйцеклетка

ovule

сперма

sperme

беременность

grossesse

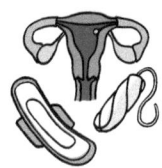

менструация

menstruation

вагина

vagin

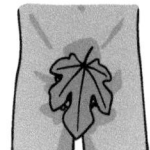

пенис

pénis

бровь

sourcil

волосы

cheveux

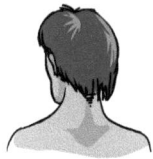

шея

cou

больница
hôpital

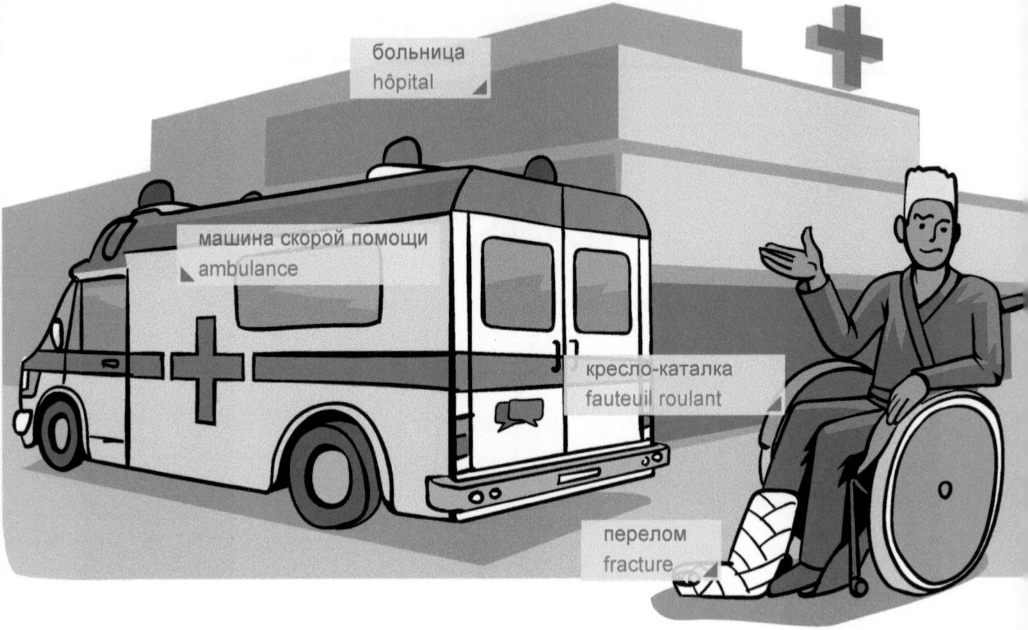

больница
hôpital
машина скорой помощи
ambulance
кресло-каталка
fauteuil roulant
перелом
fracture

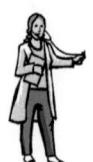

врач

médecin

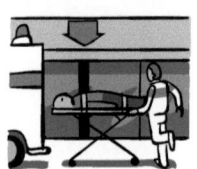

пункт первой помощи

service des urgences

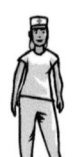

медсестра

infirmière

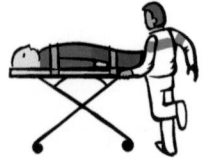

неотложный случай

urgence

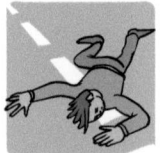

без сознания

inconscient

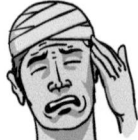

боль

douleur

повреждение

blessure

кровотечение

hémorragie

инфаркт

crise cardiaque

инсульт

attaque cérébrale

аллергия

allergie

кашель

toux

повышенная температура

fièvre

грипп

grippe

понос

diarrhée

головная боль

mal de tête

рак

cancer

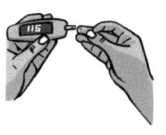

диабет

diabète

хирург

chirurgien

скальпель

scalpel

операция

opération

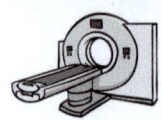

КТ
CT

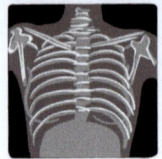

рентген
radiographie

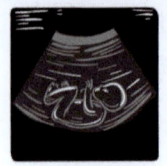

ультразвук
échographie

маска
masque

болезнь
maladie

приёмная
salle d'attente

костыль
béquille

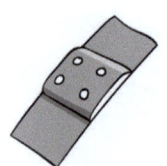

пластырь
pansement

бинт
pansement

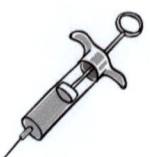

укол
injection

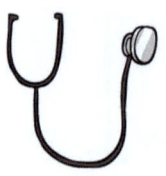

стетоскоп
stéthoscope

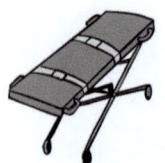

носилки
brancard

термометр
thermomètre

рождение
accouchement

избыточный вес
surpoids

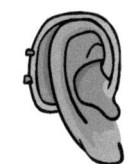

слуховой аппарат

appareil auditif

дезинфекционное средство

désinfectant

инфекция

infection

вирус

virus

ВИЧ / СПИД

VIH / sida

лекарство

médicament

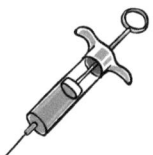

прививка

vaccination

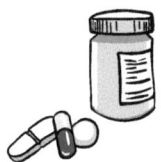

таблетки

tablettes

противозачаточная таблетка

pilule

экстренный вызов

appel d'urgence

прибор для измерения кровяного давления

tensiomètre

больной / здоровый

malade / sain

Помогите!

Au secours!

сигнал тревоги

alarme

нападение

agression

атака

attaque

опасность

danger

запасной выход

sortie de secours

Пожар!

Au feu!

огнетушитель

extincteur

несчастный случай

accident

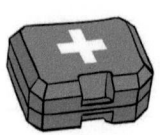

аптечка

trousse de premier secours

SOS

SOS

милиция

police

Европа

Europe

Северная Америка

Amérique du Nord

Южная Америка

Amérique du Sud

Африка

Afrique

Азия

Asie

Австралия

Australie

Атлантический океан

Océan atlantique

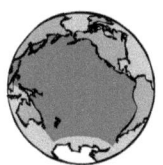

Тихий океан

Océan pacifique

Индийский океан

Océan indien

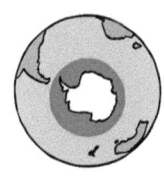

Антарктический океан

Océan antarctique

Северный Ледовитый океан

Océan arctique

Северный полюс

Pônord

Южный полюс

Pôsud

Антарктика

Antarctique

земля

terre

суша

pays

море

mer

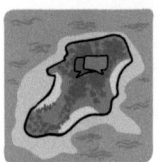

остров

île

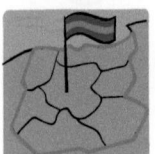

нация

nation

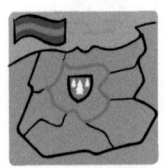

государство

état

циферблат

cadran

часовая стрелка

aiguille des heures

минутная стрелка

aiguille des minutes

секундная стрелка

aiguille des secondes

Который час?

Quelle heure est-il?

день

jour

время

temps

сейчас

maintenant

электронные часы

montre digitale

минута

minute

час

heure

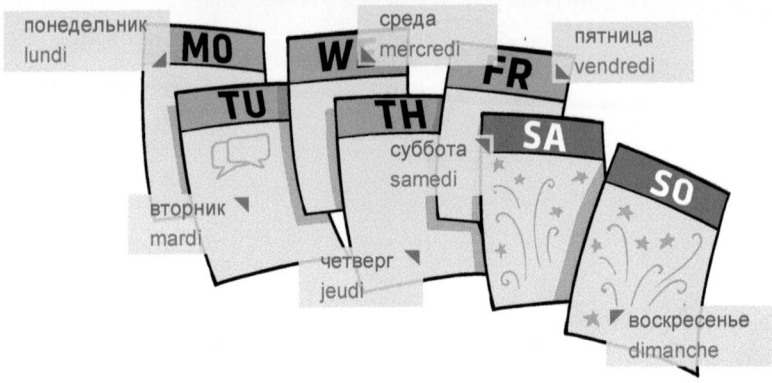

понедельник
lundi

среда
mercredi

пятница
vendredi

вторник
mardi

суббота
samedi

четверг
jeudi

воскресенье
dimanche

вчера

hier

сегодня

aujourd'hui

завтра

demain

утро

matin

полдень

midi

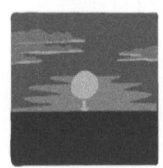

вечер

soir

MO	TU	WE	TH	FR	SA	SU
1	2	3	4	5	6	7
8	9	10	11	12	13	14
15	16	17	18	19	20	21
22	23	24	25	26	27	28
29	30	31	1	2	3	4

рабочие дни

jours ouvrables

MO	TU	WE	TH	FR	SA	SU
1	2	3	4	5	6	7
8	9	10	11	12	13	14
15	16	17	18	19	20	21
22	23	24	25	26	27	28
29	30	31	1	2	3	4

выходные

week-end

год
année

дождь
pluie
радуга
arc-en-ciel
снег
neige
ветер
vent
весна
printemps
осень
automne
лето
été
зима
hiver

4.APRIL 11°
5.APRIL 4°
6.APRIL 13°
7.APRIL 8°
8.APRIL 10°

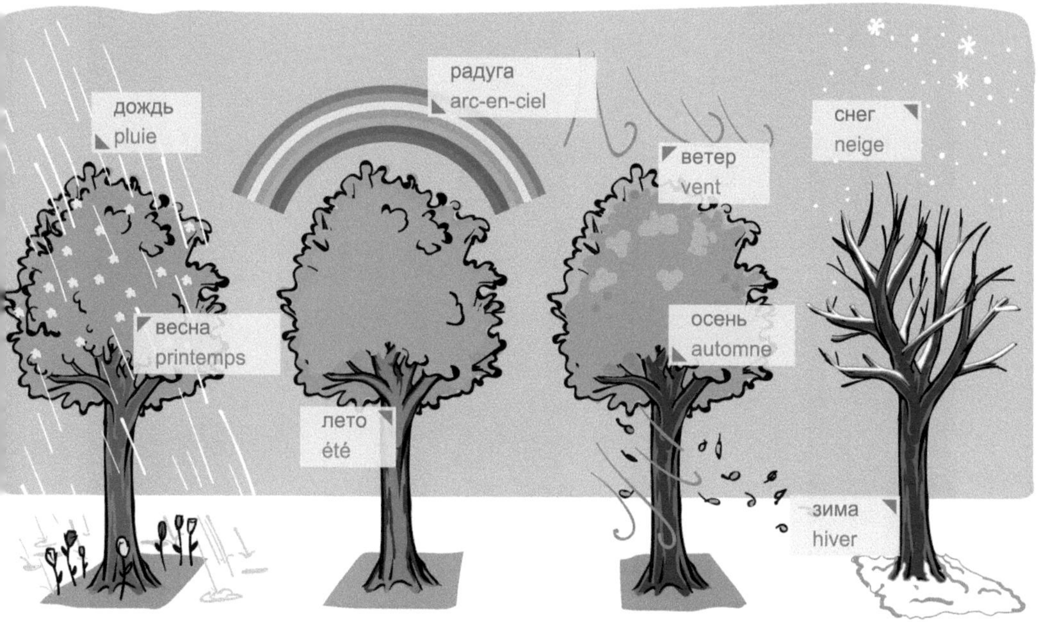

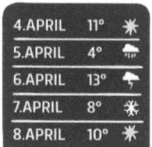

прогноз погоды

météo

F C
120 90 60 30 0 -30
40 30 20 10 0 -10 -20

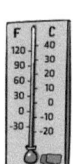

термометр

thermomètre

солнечный свет

lumière du soleil

туча

nuage

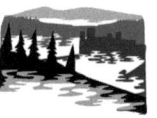

туман

brouillard

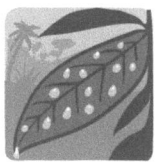

влажность воздуха

humidité

молния

foudre

гром

tonnerre

буря

tempête

град

grêle

муссон

mousson

наводнение

inondation

лёд

glace

январь

janvier

февраль

février

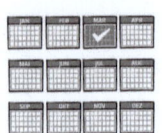

март

mars

апрель

avril

май

mai

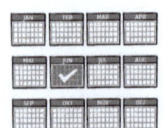

июнь

juin

июль

juillet

август

août

год - année

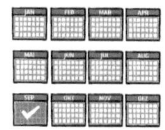

сентябрь

septembre

октябрь

octobre

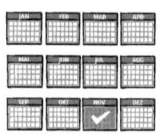

ноябрь

novembre

декабрь

décembre

формы

formes

круг

cercle

квадрат

carré

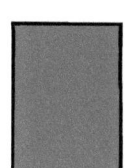

прямоугольник

rectangle

треугольник

triangle

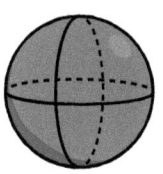

шар

sphère

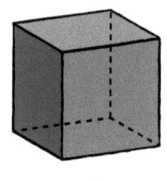

куб

cube

белый

blanc

желтый

jaune

оранжевый

orange

розовый

rose

красный

rouge

лиловый

violet

синий

bleu

зелёный

vert

коричневый

marron

серый

gris

черный

noir

много / мало

beaucoup / peu

яростный / мирный

fâché / calme

красивый / уродливый

joli / laid

начало / конец

début / fin

большой / маленький

grand / petit

светлый / темный

clair / obscure

брат / сестра

frère / sœur

чистый / грязный

propre / sale

полный / неполный

complet / incomplet

день / ночь

jour / nuit

мёртвый / живой

mort / vivant

широкий / узкий

large / étroit

съедобный / несъедобный

comestible / incomestible

злой / дружелюбный

méchant / gentil

взволнованный / скучающий

excité / ennuyé

толстый / худой

gros / mince

сначала / в конце

premier / dernier

друг / враг

ami / ennemi

полный / пустой

plein / vide

твёрдый / мягкий

dur / souple

тяжёлый / легкий

lourd / léger

голод / жажда

faim / soif

больной / здоровый

malade / sain

незаконный / законный

illégal / légal

умный / глупый

intelligent / stupide

слева / справа

gauche / droite

близко / далеко

proche / loin

новый / подержанный

nouveau / usé

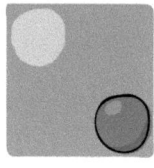

ничто / нечто

rien / quelque chose

старый / молодой

vieux / jeune

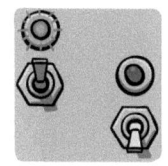

включено / выключено

marche / arrêt

открыто / закрыто

ouvert / fermé

тихо / громко

faible / fort

богатый / бедный

riche / pauvre

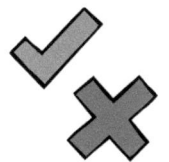

правильный /
неправильный
correct / incorrect

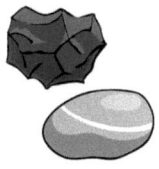

шероховатый / гладкий

rugueux / lisse

печальный / счастливый

triste / heureux

короткий / длинный

court / long

медленный / быстрый

lent / rapide

мокрый / сухой

mouillé / sec

тёплый / прохладный

chaud / froid

война / мир

guerre / paix

противоположности - oppositions

0

ноль

zéro

1

один

un

2

два

deux

3

три

trois

4

четыре

quatre

5

пять

cinq

6

шесть

six

7

семь

sept

8

восемь

huit

9

девять

neuf

10

десять

dix

11

одиннадцать

onze

12

двенадцать

douze

13

тринадцать

treize

14

четырнадцать

quatorze

15

пятнадцать

quinze

16

шестнадцать

seize

17

семнадцать

dix-sept

18

восемнадцать

dix-huit

19

девятнадцать

dix-neuf

20

двадцать

vingt

100

сто

cent

1.000

тысяча

mille

1.000.000

миллион

million

цифры - nombres

английский

anglais

американский английский

anglais américain

мандаринский китайский

chinois mandarin

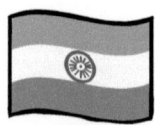

хинди

hindi

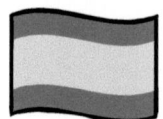

испанский

espagnol

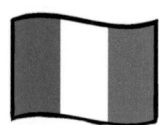

французский

français

арабский

arabe

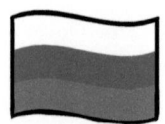

русский

russe

португальский

portugais

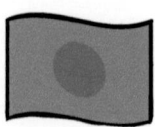

бенгальский

bengali

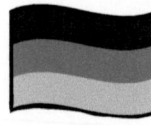

немецкий

allemand

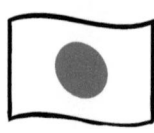

японский

japonais

я
je

ты
tu

он / она / оно
il / elle

мы
nous

вы
vous

они
ils / elles

кто?
qui?

что?
quoi?

как?
comment?

где?
ой?

когда?
quand?

имя
nom

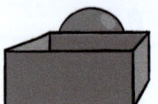

за

derrière

в

dans

перед

devant

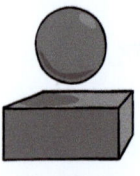

над

au-dessus

на

sur

под

en-dessous

рядом

à côté de

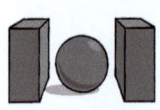

между

entre

место

lieu